DES
CANDIDATURES
OFFICIELLES

PAR

E. BILLEQUIN

PARIS

DENTU, libraire, Palais-Royal.

MARSEILLE

BÉRARD, rue Noailles, 22.

BORDEAUX

FERET, cours de l'Intendance, 15.

—

1869

BORDEAUX.— IMPRIMERIE TYPOGRAPHIQUE D'EUGÈNE BISSEI,
RUE LAFAYETTE, 3.

Les idées émises dans les pages qu'on va lire, les arguments qui s'y trouvent développés, les opinions qui y sont exposées et défendues, ne sont ni l'effort d'une conviction indécise, ni le fruit de vagues méditations. C'est une œuvre de foi politique, et, depuis 1852, l'auteur n'a cessé d'y conformer ses actes et ses écrits. Soit à la *Normandie*, soit au *Courrier du Gard*, soit au *Journal de Bordeaux*, soit au *Messager de Toulouse*, feuilles politiques dont il a été successivement le rédacteur en chef, soit enfin et en dernier lieu, dans le *Courrier de Marseille*, l'auteur, sous une forme toujours différente, a soutenu invariablement la même thèse; il n'a cessé de combattre en faveur des Candidatures officielles; il en a proclamé la légitimité et demandé le maintien. Il ose affirmer que le temps, la réflexion, l'étude, l'expérience, et (pourquoi ne le dirait-il pas?) les objections même de ses adversaires, n'ont nullement modifié sa conviction; loin de là, tout cela n'a fait qu'accroître et fortifier sa confiance dans la vérité du principe dont il s'était fait le défenseur.

C'est donc un acte de conscience et de sincérité qu'il se propose d'accomplir aujourd'hui, en publiant le présent opuscule. Aussi lui sera-t-il sans doute permis de compter sur la bienveillance du lecteur, au jugement duquel il soumet humblement d'ailleurs cette modeste étude politique?

DES

CANDIDATURES

OFFICIELLES

I

La question des Candidatures officielles est plus que jamais à l'ordre du jour. Elle emprunte aux circonstances présentes une importance considérable.

D'une part, quelques timides amis du Gouvernement, — beaucoup trop préoccupés des attaques que dirigent, contre le principe introduit en 1852, les adversaires de la dynastie impériale et les ennemis de nos institutions, — se montrent disposés à ne plus considérer aujourd'hui ce principe que comme une égide désormais sans force et sans vertu.

D'autre part, l'opposition, rendue plus exigeante, — nous dirions volontiers plus intraitable, — par les concessions libérales du 19 janvier, concentre ses forces et redouble les efforts de sa critique, dans l'espoir que l'abandon des Candidatures officielles par le Pouvoir la rendra maîtresse exclusive et souveraine du terrain électoral.

Hésitation d'un côté, censure de l'autre. La situation veut être éclaircie.

Il n'est donc pas de sujet d'un intérêt plus actuel, et l'heure de le traiter ne saurait être plus opportune.

Est-il d'ailleurs une question plus haute, plus formidable, et qui soit en même temps plus digne des méditations des hommes politiques? L'importance de la thèse que nous allons soutenir ne justifie-t-elle pas l'attention que nous prions le lecteur de nous accorder? Ne s'agit-il pas, au fond, des affaires mêmes du pays et de la direction bonne ou mauvaise qui peut leur être imprimée? Quoi de plus grave et de plus intéressant au monde?

Quant à nous, qui avons émis sur la question des Candidatures officielles une opinion qui n'a jamais varié, nous croyons utile de faire aujourd'hui de cette question l'objet d'un nouvel examen, à la suite d'adversaires qui, à notre sens, s'appliquent bien plus à battre en brèche le Gouvernement et les institutions par des sophismes qu'à les combattre par de bonnes raisons.

Durant de longues années, les diverses oppositions qui se sont donné pour tâche le renversement des gouvernements établis, et qui, souvent, sans le vouloir, ont participé largement aux révolutions qui

se sont accomplies, ont pris ordinairement pour base de leurs attaques les lois électorales existantes et le mode d'exécution mis en usage par l'autorité. Elles ont trouvé là les éléments de leurs attaques les plus passionnées, et se sont même laissé entraîner à des accusations de corruption, dont nous n'avons ni le temps ni l'intention de juger ici le mérite et la sincérité.

Les critiques que nous avons entendues, cette année encore, et que reprennent en sous-ordre de nombreux journaux, n'ont rien de nouveau, et nous ne voyons pas que les arguments qu'on met en avant rajeunissent beaucoup la thèse de l'opposition.

Est-il juste, est-il convenable, est-il conforme aux intérêts du pays, que le Gouvernement renonce au principe du patronage officiel et qu'il abandonne à lui-même ce magnifique et puissant instrument qu'on appelle le suffrage universel?

Est-il vrai de prétendre, comme quelques-uns n'hésitent pas à l'affirmer, que, pour peu que le Pouvoir intervienne dans le fonctionnement de notre régime électoral, il outrepasse ses droits et fausse les résultats du scrutin?

Telles sont les questions délicates que nous nous proposons d'élucider. Comme on le voit, nous ne cherchons en aucune façon à atténuer la gravité des objections formulées par les adversaires de l'intervention administrative. Ici nous nous faisons, suivant la coutume que nous avons constamment suivie, depuis que nous appartenons à la presse politique, une loi de la franchise, et nous ne fermons nullement l'oreille aux attaques pour nous dispenser d'y répondre.

Cela dit, voici comment nous formulerons la proposition que nous avons entrepris de développer : L'intervention de l'autorité dans les élections n'est pas seulement légale, elle est légitime, elle est juste, elle est nécessaire.

II

Le suffrage universel est une des assises, — et la plus large de toutes, — de notre droit constitutionnel. Si, à son origine, à son entrée dans le monde, quelques bons esprits l'ont vu avec chagrin s'imposer comme une des plus dangereuses manifestations de l'esprit nouveau, tout le monde conviendra que leurs terreurs étaient sinon imaginaires au moins fort exagérées. En effet, de nombreuses expériences ont été faites, depuis vingt ans, et ces expériences nous démontrent que le suffrage universel est accepté par tous aujourd'hui, non plus seulement comme une nécessité sociale plus ou moins durable, mais bien comme un des principes essentiels que nos mœurs publiques ont consacrés. A cet égard, les réactionnaires fougueux doivent en prendre leur parti ; le suffrage universel n'est point une institution transitoire ; il a passé à l'état d'une conquête sanctionnée par la justice et par la raison.

Toutefois, il en faut convenir, le suffrage universel n'est point sans inconvénient. De même que tout ce qui sort de la main des hommes, il est imparfait et peut-être restera-t-il encore longtemps imparfait.

Mais il offre au moins ce suprême avantage d'être véritablement, incontestablement l'expression du vœu national, et par suite d'investir d'une autorité inattaquable le Gouvernement qui va se retremper à ses sources vives.

Nous pensons donc qu'il convient de s'en tenir définitivement à ce grand principe, sauf à l'entourer sans cesse des garanties qui assurent la sincérité de son application.

III

L'article 5 de la Constitution a fort sagement réservé à l'Empereur le moyen légal de se maintenir constamment en parfaite communion d'idées et de sentiments avec le pays : ce moyen, c'est le recours au jugement du corps électoral, arbitre suprême des actes et de la politique du Gouvernement. Mais par cela même qu'il s'agit d'un droit extrêmement précieux, extrêmement important, il est sage de ne l'exercer — en dehors des périodes normales — qu'avec réserve, modération et prudence, c'est à dire quand un grand intérêt public est en jeu. Le suffrage universel est semblable à une arme précieuse et de fine trempe; plus cette arme est supérieure, plus elle est susceptible de se fausser, et plus il convient, par conséquent, de ne s'en servir que pour des combats dignes d'elle. Recourir à tout bout de champ aux enseignements du scrutin, aurait pour effet infaillible de fatiguer le corps électoral, d'émousser la trempe vigoureuse mais délicate du suffrage universel. Quand

on a en main une si admirable machine et dont le fonctionnement donne de si incomparables résultats, il est
bon de la ménager.

Mais si excellente qu'elle soit, la machine a pourtant besoin d'être dirigée, ou, si l'on veut, réglée dans
sa marche, ne fût-ce que pour assurer la parfaite sincérité de l'élection. Ce serait se faire une étrange illusion que de la croire susceptible de fonctionner
toute seule et de compter, en l'abandonnant à elle-
même, sur les effets qu'on obtient d'elle par une bonne
direction. Il ne suffit pas que la loi protége le droit
de vote, il faut de plus qu'elle en surveille l'exercice et qu'elle en assure la libre et loyale application.
C'est par là que se justifie l'intervention de l'autorité,
et de même que, dans l'ordre moral, il n'y a pas,
pour ainsi dire, un seul droit qui n'ait son corol-
laire, de même, à côté de l'immunité accordée au
Pouvoir par la loi constitutionnelle de se mêler aux
agitations du scrutin, se place l'obligation, pour lui,
de veiller à la sincérité des opérations électorales. De
là, pour le Gouvernement, le devoir de confier la sur-
veillance du suffrage à des hommes d'une conscience
irrréprochable, et la direction de l'Électorat à des in-
telligences aussi probes qu'expérimentées. Pourquoi?
par deux raisons capitales : 1º Parce qu'en dehors
de l'intérêt politique qu'on rencontre partout, la question qui s'agite, au fond de chaque urne électorale, est
une question qui touche à l'honneur et à la dignité du
pays, puisqu'en somme c'est le vœu national qui se
manifeste par l'élection; 2º parce qu'il ne faut pas

que la volonté populaire puisse être faussée ou altérée, soit par de coupables manœuvres, soit par des intrigues de partis, soit même par les excitations d'un zèle trop amical.

IV

Jusqu'à présent, dans le cours de cette étude, nous avons vu l'intervention du Pouvoir s'exerçant au nom de la loi, pour la garantie exclusive des droits des citoyens; ce n'est là qu'une face de la question ; nous allons voir maintenant cette intervention s'imposant, de par l'autorité de la raison et du bien public, et jouant un rôle en quelque sorte personnel, dans les luttes électorales.

Tout Gouvernement a le droit, disons plus, il a le devoir de veiller à sa sûreté et de se placer dans les meilleures conditions possibles d'existence et de durée. Ce droit a pour conséquence directe de laisser au Gouvernement les moyens légitimes de défendre le principe qui lui a donné naissance et auquel il emprunte sa force et son autorité.

Comprendrait-on, raisonnablement, un gouvernement qui abandonnât à tous les caprices, à tous les hasards du scrutin les institutions que le peuple tout entier a acceptées en se reposant sur lui du soin de les défendre, de les développer, de les féconder? Que penserait-on d'un tel gouvernement? N'est-ce pas avec raison qu'on l'accuserait non-seulement d'imprévoyance et d'impéritie mais encore de désertion? Ne mériterait-il point, ce gouvernement, la chute qui, un jour ou l'autre, ne saurait manquer assurément d'être son partage?

Entre le Gouvernement impérial et le pays, il existe un lien étroit qui unit leurs destinées communes. En acclamant Napoléon III et en lui conférant à trois reprises un pouvoir tutélaire, la nation a dû compter sur l'accomplissement du programme libellé dans la Constitution de 1852 et dans les plébiscites qui l'ont précédée et suivie; c'est un devoir sacré, c'est une obligation étroite, pour le Gouvernement dont il est le Chef, de défendre énergiquement, de protéger toujours et partout les grands intérêts de cette majorité imposante qui l'a sacré Empereur des Français.

C'est donc, on ne saurait trop le répéter, au nom des intérêts populaires, qui sont identiques aux intérêts du Pouvoir lui-même, que ce dernier a non-seulement le droit mais encore le devoir d'intervenir dans les élections. Cette proposition nous paraît indiscutable, en dépit de toutes les protestations intéressées que nous avons entendues; nous n'avons cessé d'en soutenir la justesse, depuis que nous avons l'honneur de tenir une plume, et nous affirmons ici que nous sommes aujourd'hui aussi ferme et fervent dans notre conviction que nous l'étions, il y a dix-neuf ans (1). Nous continuerons donc à la professer hardiment, et nous avons l'espoir que si quelques-uns de nos lecteurs ne partagent pas notre sentiment, ils s'y convertiront dans le cours des développements que nous allons donner à notre thèse.

(1) Nous répétons ici, pour n'y plus revenir, que les opinions que nous exposons sont contemporaines de la Constitution du 14 janvier 1852.

V

Il ressort manifestement des considérations que nous venons de présenter, qu'il convient que l'autorité intervienne dans les questions électorales. Il faut qu'elle y fasse entendre sa voix, en proclamant hautement le nom des candidats qui possèdent sa confiance. Il le faut, afin que la sanction ou le désaveu de ses actes, se déduise nettement des décisions du corps électoral. Il le faut, afin de ne pas laisser les masses populaires en butte à des conseils et à des incitations intéressés. Il le faut enfin, parce que la considération, l'influence et la durée du Pouvoir sont intimement liées à la question que tranche tout scrutin politique.

S'il était besoin de fournir, en passant, une preuve de plus à l'appui de notre proposition, nous dirions que si, à la rigueur, il n'y avait qu'un mince inconvénient à livrer à leurs seules inspirations un petit nombre d'électeurs réunis sur une surface restreinte, c'est-à-dire de membres d'un petit collége, ainsi que cela se pratiquait autrefois, il n'en est pas de même quand il s'agit de vastes circonscriptions, telles que nous les voyons aujourd'hui formées, sous l'empire du suffrage universel. Lorsque les populations sont disséminées sur des points éloignés, elles n'ont que des moyens insuffisants de se concerter avec efficacité; elles manquent d'un fil conducteur pour se diriger, d'une boussole pour s'orienter. C'est alors l'indication, c'est le conseil de l'autorité qui leur sert à la fois de guide et de pilote. Elles se disent avec raison : « Le Gouvernement a le même intérêt que nous à la confection de bonnes lois, à la sage direction de nos affaires; il nous a maintes fois prouvé qu'il comprenait sa mission et sa responsabilité; prenons donc avec confiance les représentants qu'il désigne à notre choix. Mieux que nous, il a pu les apprécier, les juger, et puisqu'il nous les recommande, c'est qu'il les considère comme les plus dignes. »

Ainsi doivent raisonner les électeurs, pour peu qu'ils soient dévoués à l'ordre et qu'ils aient foi dans les institutions du pays.

Et qu'on ne s'y trompe pas, nous n'entendons point ici nous faire le défenseur de maximes de violence ou de coërcition. Nous respectons trop profondément la volonté nationale, pour songer à porter la moindre atteinte à sa liberté d'expansion. Le corps électoral n'est point un régiment qui marche en avant sur un ordre de son colonel; c'est une agrégation indépendante qui connaît ses prérogatives, qui en a conscience, et ne permettrait pas qu'on en atténuât la portée ou qu'on lui en disputât le plein exercice. Aussi ne prétendons-nous revendiquer en faveur du pouvoir autre chose qu'un simple *droit de conseil* dont l'emploi se justifie à nos yeux par une incontestable communauté d'intérêt entre le « conseilleur » et le « conseillé. »

Ne pourrait-il pas arriver que le suffrage fût faussé, par suite de l'abstention du Gouvernement, dans le cas où ses adversaires auraient par des promesses fallacieuses ou par des manœuvres électorales fait triompher une candidature hostile?

Une telle explication nous paraît aller au-devant de toute espèce d'équivoque.

VI

Si le lecteur a bien voulu prêter quelque attention aux considérations générales que nous avons fait valoir et aux développements logiques que nous avons donnés à notre théorie sur les candidatures officielles, il reconnaîtra, nous en avons la ferme confiance, que nous avons justifié cette partie de notre thèse qui consistait à soutenir la légitimité de l'intervention du Pouvoir dans les élections. Il ajoutera aux raisonnements que nous avons exposés devant lui un argument historique dont la valeur ne saurait être un seul instant contestée; cet argument est celui-ci : Qu'on nous cite un gouvernement — un seul — qui ait consenti à jouer dans les élections le rôle de spectateur passif et désintéressé. Est-ce la première on la seconde république? Sont-ce les deux restaurations? Est-ce le gouvernement de juillet?

Jamais un pouvoir quelconque, fort ou contesté, viril ou chancelant, débile ou plein de jours, ne s'est résigné à rester étranger aux luttes du scrutin; jamais aucun pouvoir n'a consenti à laisser le champ libre aux partis, parce qu'il savait bien que son abstention se fût traduite en une véritable abdication.

Seulement, ce que le Gouvernement impérial a fait hautement, ouvertement, au grand jour, devant tous, les gouvernements passés le faisaient d'une manière occulte, presque honteusement et comme s'il se fût agi d'un acte déloyal. Etait-ce honorable? Etait-ce moral? Etait-ce loyal? Que le lecteur compare les deux politiques et qu'il nous dise laquelle est la plus digne de la France?

Nous n'insisterons pas davantage sur ce point, qui nous paraît complétement jugé et nous aborderons maintenant les autres faces de la proposition générale que nous avons formulée.

VII

Par un de ces artifices de langage qui ne sont que trop communs en politique; par un de ces mensonges qui ne devraient tromper personne, mais qui font pourtant bien des dupes, parce que l'opinion publique les accepte avec légèreté et sans s'en rendre compte, sans en examiner ni la portée ni l'origine, — les adversaires du Gouvernement sont plus d'une fois parvenus à faire croire au pays que son intérêt bien entendu lui conseillait de séparer sa cause de celle du Pouvoir. C'est là un sophisme contre lequel protestent énergiquement la raison et l'expérience.

Nous l'avons déjà dit, et nous ne croyons pouvoir trop insister là-dessus, — les intérêts de la nation, loin d'être opposés à ceux du Gouvernement, se confondent au contraire avec eux; les uns et les autres sont si étroitement liés qu'ils ne forment qu'un seul et même corps. A vrai dire même, on pourrait soutenir que le Gouvernement n'a point d'intérêt qui lui soit ropre; s'il combat, soit pour le triomphe d'un prin-

cipe, soit pour l'application bien entendue d'un droit ou pour le redressement d'un abus, soit pour la modification d'une loi surannée et que condamnent l'expérience et le progrès, ce n'est pas pour lui-même qu'il plaide, ce n'est pas sa cause qu'il défend : le véritable mobile de ses actes, c'est le bien-être matériel ou moral du pays, c'est l'amélioration progressive de la condition des masses. Un bon gouvernement ne se passionne que pour le bien; il y consacre son temps, ses soins, ses efforts, ses forces; il y applique ses volontés; il y emploie son influence.

Sans doute un gouvernement n'est pas à l'abri de l'erreur : l'humaine nature le veut ainsi; et puisque les gouvernants sont des hommes, il faut bien qu'ils subissent la loi commune. Mais encore est-il vrai de dire que l'être collectif qui se nomme Gouvernement est moins sujet à l'erreur que l'individu.

Qu'on ne vienne donc pas nous dire que, dans le jeu des institutions qui nous régissent, l'intérêt du Gouvernement se trouve d'un côté, tandis que l'intérêt social s'en va de l'autre. C'est là une idée radicalement fausse, et qui, pour n'avoir pas été énergiquement combattue, a causé les plus grands maux à la France, en lui imposant brusquement, sans raison, sans transition, des changements politiques qu'elle ne prévoyait pas et dont elle se souciait encore moins. Mais les peuples, de même que les individus, font des écoles : ce n'est qu'après avoir traversé de nombreuses épreuves, qu'ils acquièrent cette expérience des choses et des affaires, qui est sœur de la raison et qu'on pourrait appeler la grande éducatrice des nations.

Si tous ces raisonnements sont vrais, qu'on cesse de nous proposer de séparer, pour en faire deux objets distincts, la cause gouvernementale de la cause nationale; car les scinder, c'est les détruire.

En conséquence, il faut dire avec tous les esprits sages, que lorsque le Pouvoir s'adresse au pays pour lui recommander certaines candidatures, c'est à l'impulsion de l'intérêt public qu'il obéit, c'est à l'amélioration plus ou moins immédiate du sort des masses qu'il tend, c'est à la consolidation des institutions publique qu'il travaille; car, bien que les principes soient des abstractions, ils s'animent et prennent un corps avec les hommes qui les personnifient et qui en sont, en quelque sorte, la vivante représentation.

Cette argumentation, qui nous paraît d'une incontestable vérité, prend un caractère de force qui grandit et s'impose de plus en plus, à mesure que les opérations du scrutin croissent en importance. En général, toute élection est grave sans contredit, car elle est une manifestation du droit de souveraineté; mais si, par respect pour le principe, nous devons reconnaître qu'un scrutin suppose toujours un acte important et solennel, il nous est bien permis de trouver qu'il existe des différences notables, des *degrés* certains, des proportions formelles dans les décisions du corps électoral et qu'ainsi que, selon Sganarelle, « il y a fagots et fagots, » de même il y a chez nous scrutins et scrutins. Jamais il n'entrera dans l'esprit de personne d'accorder à une élection de Conseil d'arrondissement, par exemple, ni l'intérêt ni l'importance que comporte une élection au Corps législatif.

Plus la mission de l'électeur s'élève et plus le droit d'intervention du Pouvoir est utile à exercer; plus le choix à faire est difficile et moins il convient d'atténuer l'action de l'Autorité et surtout de dénier à celle-ci le droit de conseil.

Est-ce qu'en dehors des raisons politiques et morales qui viennent sanctionner notre opinion, il n'y a pas une raison que nous avons indiquée déjà, qui se tire de la pratique et qui, à elle seule, vaut tous les arguments? Est-ce que la dissémination des électeurs sur une vaste superficie, où l'on compte de nombreuses communes dont les habitauts sont étrangers les uns aux autres, ne constitue pas, pour l'Autorité, le droit d'intervention que nous revendiquons pour elle? Si riche en hommes que soit la France, l'est-elle assez pour pouvoir mettre toujours et partout à la disposition du corps électoral des candidats jouissant d'une grande notoriété et dont le nom ait une signification aux yeux des populations appelées à exercer leur droit de souveraineté? Or, si on nous accorde qu'il est impossible à l'électeur de faire de bons choix, sans y être aidé par l'expérience de ses conseillers naturels, la question des candidatures officielles est jugée.

Il ne dépend de personne de supprimer les inconvénients inhérents aux institutions, — nous n'en exceptons pas les meilleures. — Eh bien! le désavantage du suffrage universel est de donner à l'Électorat la faculté de confier son mandat à des représentants dont il ne connaît par lui-même ni la valeur ni les mérites, ni le caractère; c'est bien le moins, ce nous semble, qu'il y ait, à côté du corps électoral, quelqu'un qui l'avertisse, qui l'éclaire, qui le conseille.

Qui doit remplir ce rôle? L'opposition prétend que c'est elle-même et elle seule; le Gouvernement, de son côté, revendique pour lui cette tâche et ce droit; nous avons vu déjà que le bon sens et l'intérêt public s'accordaient à lui donner raison; il nous reste à compléter la théorie que nous avons soutenue.

VIII

Nous croyons avoir démontré, dans les lignes qui précèdent, la légitimité de l'intervention de l'autorité dans les élections; nous avons affirmé de plus, — et personne ne nous démentira, — que jamais un gouvernement, quel qu'il soit, monarchique ou républicain, aristocratique ou démocratique, électif ou héréditaire, ne s'était départi d'un droit d'ingérence que la raison politique et le sens commun sanctionnent, et nous avons ajouté que s'il était arrivé parfois, sous les régimes antérieurs, que la main du Pouvoir ne se fît ni voir ni sentir, son action n'avait cependant été, pour cela, ni moins décisive, ni moins déterminante. Cette action s'exerçait occultement, et voilà tout. La question est uniquement de savoir ce qu'il faut préférer d'une intervention qui s'efforce de dominer le corps électoral, en se dissimulant et en suivant des voies souterraines, ou d'une intervention qui s'affirme au grand jour et qui dit aux électeurs: nous avons les mêmes aspirations et nous poursuivons le même but ; unissons-nous donc d'une manière indissoluble , et ne confions qu'à des hommes éprouvés et sûrs la mission de représenter le pays et de lui donner des lois.

Nous allons aborder maintenant la thèse de l'opposition , consistant à dénier au pouvoir le droit de patronage des candidatures officielles.

IX

A la rigueur, on comprendrait un système qui aurait pour résultat d'observer toujours et partout une absolue neutralité : chaque parti se présentant au scrutin avec le secours de ses forces acquises, et ne revendiquant aucun autre concours que celui de ses amis et adhérents. Un tel système serait praticable et en même temps honorable pour tout le monde. Mais nous ne croyons pas que, de longtemps, il puisse être mis en usage dans notre pays. En dépit de la singulière force d'expansion qu'ont prise chez nous les idées politiques et les principes généraux du gouvernement, l'éducation publique y est encore fort incomplète. La population, prise en masse, n'est ni assez expérimentée, ni assez soucieuse de ses intérêts, alors que ces intérêts ne sont pas immédiats, pour prendre *proprio motu* une décision; ce n'est que dans les questions suprêmes où l'existence même de l'État est en jeu, qu'il faut se reposer avec confiance sur son patriotisme. Dans ce cas, fions-nous à son bon sens, à son instinct de conservation; le suffrage rendra toujours un arrêt satisfaisant. Mais en est-il de même alors que le scrutin n'a d'autre but que de pourvoir à une.élection de député, de membre d'un conseil général, etc.? Ce serait une illusion et une faute de le supposer. Dans la plupart des cas, pour la plupart des élections à faire, la masse électorale ne connaît guère que de nom les candidats sur lesquels doit s'exercer son choix. Il convient donc que les chefs de partis, à quelque opinion qu'ils appartiennent, interviennent pour l'éclairer et la diriger.

Comme on le voit, nous ne faisons aucune difficulté de reconnaître à l'opposition le droit de conseil que nous réclamons pour le gouvernement. Il faudrait ne pas comprendre les mœurs représentatives, les idées constitutionelles, les instincts démocratiques, pour songer un instant à préconiser un système « d'exclusivisme. » Mais par cela même que nous reconnaissons à nos adversaires, sans acception de parti, le droit d'employer tous les moyens légitimes, pour faire triompher les candidats qui représentent le mieux leurs doctrines et qui sont le plus aptes à les faire triompher, nous nous insurgeons de toute la force de notre raison et de notre conscience contre la prétention qu'ils affichent d'exercer exclusivement cette faculté et ce droit.

Comment! il sera permis à l'opposition de former des comités, agissant sous la direction et sous l'impulsion exclusive de quelques chefs, et l'autorité ne jouirait pas de cette faveur! Est-il rien de plus excessif et de plus insensé? Voilà des hommes qui ne

relèvent que d'eux-mêmes, qui se donnent, sans contrôle d'aucune sorte, sans responsabilité, une mission
politique et sociale, uniquement parce qu'ils ont joué
un rôle plus ou moins actif dans les évènements con-
temporains, et le gouvernement, — cette représentation vivante et légale de la nation, — se verrait
refuser le même privilége, les mêmes immunités ! En
vérité, c'est à confondre l'entendement.

Nous ne demandons certes pas, nous ne saurions
trop l'affirmer, un monopole pour le Pouvoir; mais s'il
fallait cependant octroyer à une fraction quelconque
du pays une franchise qu'on dût refuser à d'autres,
nous soutenons que c'est au Pouvoir qu'il convien-
drait naturellement de l'accorder : parce que le Pouvoir a charge d'âmes, parce qu'il est le défenseur-né,
le protecteur autorisé de l'intérêt public; parce que
la confiance dont le pays l'a investi, en remettant
entre ses mains la direction des affaires, lui fait une
loi d'user de toute la part d'influence que lui assure
sa prépondérance.

Que voyons-nous pourtant, quand nous interro-
geons les faits qui s'accomplissent sous nos yeux?
Nous voyons que, bien qu'il soit juste et naturel que les
choses se passent de cette façon c'est le Pouvoir qui,
en fait, se trouve « sulbalternisé » sur le terrain électoral, et ce, en vertu même de la réserve que lui impose l'exercice de l'autorité qu'il tient de la confiance
de la nation. Ainsi, il ne lui est permis ni de patroner
le premier venu, ni se de montrer prodigue de promesses fallacieuses. Or, c'est précisément là ce qui

fait, en temps d'élection, la force de l'opposition. Rien n'arrête celle-ci, aucun choix ne lui est interdit, nul engagement ne coûte à ses scrupules, attendu que rien n'est plus facile pour elle que d'échapper à tous les engagements.

Combien de triomphes électoraux n'avons-nous pas vus, lesquels étaient amenés par le seul effet d'une proclamation insidieuse! Plus de droits réunis! Plus d'octrois! Plus d'impôts des patentes! Plus d'impôts du sang! Suppression des charges publiques supportées par les contribuables! Tel est le programme ordinaire que, comme un mirage trompeur, les candidats de l'opposition, ou leurs chefs, font miroiter complaisamment aux yeux des populations éblouies... et trompées.

C'est là qu'est l'abus: c'est là que se rencontre le droit excessif et vicieux. *Summum jus, summa injuria.* — Et cependant telle est la théorie qu'on voudrait nous faire accepter comme l'idéal, en matière de gouvernement représentatif! Nous ne cesserons pas de protester contre une pareille tendance, et nous estimons que le sentiment public nous donnera pleinement raison.

Nous demandons pardon au lecteur de prolonger ainsi une discussion qui ne lui semble peut-être pas susceptible de si longs développements; mais la question est, à nos yeux, si considérable, que nous avons voulu la traiter d'une façon aussi complète que possible. Nous ne l'avons pas épuisée pourtant, et nous réclamons encore quelques instants d'attention et de patience.

X

Si nous nous reportons aux discussions qui ont eu lieu l'année dernière, au sein du Corps législatif, nous remarquerons que la grave question des candidatures officielles a fait un grand pas. Au point de vue de l'application, nous connaissons la pensée tout entière du gouvernement; elle a été exposée avec autant de force que d'habileté par M. le Ministre de l'Intérieur, dans la séance du 14 juillet 1868.

C'est là le point culminant du débat, et nous dirions volontiers qu'il est clos et que le jugement prononcé est définitif, s'il pouvait y avoir en France une seule question qui fût succeptible d'être définitivement tranchée par la discussion. Et en effet, que voyons-nous? Les arguments si convaincants, si décisifs, apportés dans le débat par l'organe éloquent du gouvernement ont-ils eu pour effet de persuader l'opposition? Pas le moins du monde. Nous voyons au contraire nos adversaires se passionner davantage et redoubler d'efforts pour garder des positions dont le bon sens, la droiture et la justice les délogent. Il semble qu'à leurs yeux, l'ordre social soit en danger et déjà chacun d'eux s'apprête à pousser le cri d'alarme : « *Ardet Ucalegon!* »

On ne se multiplie ainsi, on ne sème à tous les vents son énergie, on ne fait d'appels si désespérés que pour les causes perdues :

« Una salus victis nullam sperare salutem. »

Nous considérons donc comme formellement gagné le procès fait aux candidatures officielles, et il ne nous resterait plus qu'à nous expliquer sur la façon dont nous pensons qu'elles doivent être présentées et soutenues, si nous n'avions à cœur de trancher ici une question historique qui a son importance et qui s'est glissée incidemment dans la discussion engagée au Corps législatif.

Dans la séance du 14 juillet, dont nous venons de parler, M. le Ministre de l'Intérieur avait affirmé avec une grande raison, (et son assertion se trouvait confirmée par les faits), qu'aucun gouvernement ne s'était désintéressé dans les questions électorales. (1)

(1) Il est bon de faire remarquer ici qu'un membre éminent de la gauche, M. Jules Simon, a reconnu la légitimité de l'intervention du gouvernement dans les questions électorales. Il a pu changer d'opinion depuis, mais qu'importe ? Son premier aveu n'en est pas moins précieux : il est homme d'ailleurs à revenir à la vérité en dépit de la censure de ses amis. *Amicus Plato sed magis amica veritas.*

Voici, d'après le *Moniteur* et en conservant les annotations de la feuille officielle, dans quels termes M. Pinard s'était exprimé :

Maintenant, à côté des raisons, n'y a-t-il pas les exemples? Quel est le gouvernement, et je pourrais dire, quelle est l'opposition qui soit désintéressé dans le combat électoral? (C'est évident!)

En 1828, l'honorable M. de Martignac, Ministre libéral assurément, disait que le Gouvernement ne pouvait se désintéresser dans une question semblable, et il proclamait ce principe en présence du suffrage restreint, suffrage si restreint, que certains colléges ne comptaient que 150 électeurs.

En 1831, Casimir Périer, aussi libéral que M. de Martignac, et plus ferme que lui, Casimir Périer, qui refusait toutes les mesures exceptionnelles, qui ne voulait pas de l'état de siége, quand on le lui offrait pour défendre l'ordre, Casimir Périer affirmait également que le Gouvernement ne pouvait rester neutre. (Interruption.)

En 1834, on tenait le même langage.

En 1846, il est dans la circulaire de M. le comte Duchâtel.

M. Garnier-Pagès. — Je demande la parole. (Exclamation.)

M. le Ministre. — J'ajoute qu'en 1848, la circulaire du 12 mars, signée par le Ministre de l'Intérieur de la République, pose et défend nettement l'intervention du Gouvernement dans les luttes électorales, (Très bien! très bien!)

M. Garnier-Pagès. — Je lirai la circulaire du Gouvernement de cette époque et vous verrez comment elle s'exprime. (Bruit. — N'interrompez pas!)

M. le président Schneider. — On n'a rien dit de blessant pour le Gouvernement de cette époque. Je demande donc qu'on ne s'émeuve pas tant des paroles qui ont été prononcées.

M. Garnier-Pagès. — On l'attaque, il se défend.

Plusieurs voix. — C'est de l'histoire!

Après avoir fait remarquer en passsant, que le Ministre s'est appuyé sur les raisonnements que nous avons nous-même exposés et soutenus, dans le cours de notre discussion, nous voulons faire le lecteur juge du mérite des observations de M. Garnier-Pagès, en reproduisant le texte même de la circulaire de M. Ledru-Rollin qui a fait l'objet du débat, et qui donne si pleinement raison à l'argumentation de M. le Ministre de l'Intérieur.

Voici comment cette circulaire est conçue :

CITOYEN COMMISSAIRE,

Nous touchons aux élections ; encore quelques jours, et le peuple Français tout entier, usant de sa souveraineté si glorieusement conquise, proclamera le nom de ses mandataires.

A la veille de ce grand acte de sa toute-puissance, il est utile que le Gouvernement né de la Révolution, chargé de conserver intacte et pure la victoire populaire, expose une dernière fois sa pensée à ceux qui le représentent et qui le défendent sur toute la surface de la République.

Déjà je vous l'ai dit : des élections dépend l'avenir du pays. Sincèrement républicaines, elles lui ouvrent une ère brillante de progrès et de paix; réactionnaires ou même douteuses, elles le condamnent à de terribles déchirements. Votre constant effort a donc été, doit être encore d'envoyer à l'Assemblée Nationale des hommes honnêtes, courageux et dévoués jusqu'à la mort à la cause du peuple.

Mais ici se présente une question que les partis ont dénaturée, et sur laquelle il convient de s'expliquer sans faiblesse et sans réticence. Le temps des ruses et des fictions est passé; nous sommes assez forts pour être vrais.

Le Gouvernement doit-il agir sur les élections ou se borner à en surveiller la régularité?

Je n'hésite pas à répondre que, sous peine d'abdiquer ou même de trahir, le Gouvernement ne peut se réduire à enregistrer des procès-verbaux et à compter des voix; il doit éclairer la France et travailler ouvertement à déjouer les intrigues de la contre-révolution, si, par impossible, elle ose relever la tête.

Est-ce à dire que nous imitions les fautes de ceux que nous avons combattus et renversés? Loin de là. Ils dominaient par la corruption et le mensonge, nous voulons faire triompher la vérité; ils caressaient l'égoïsme, nous faisons appel aux sentiments généreux; ils étouffaient l'indépendance, nous lui rendons un libre essor; ils achetaient les consciences, nous les affranchissons. Qu'y a-t-il de commun entre eux et nous?

Mais c'est précisément parce que leurs odieuses pratiques ont profondément altéré les mœurs des classes officielles, qu'il est nécessaire de parler haut et ferme, et de détruire les semences d'erreur et de calomnies répandues par eux si longtemps.

Quoi! nous sommes libres d'hier; il y a quelques semaines encore, nous subissions une loi qui nous ordonnait avec amende et prison de n'adorer, de ne servir, de ne nommer que la monarchie; la République était partout représentée comme un symbole de spoliation, de pillage, de meurtre, et nous n'aurions pas le droit d'avertir la Nation qu'on l'avait égarée! Nous n'aurions pas le droit de nous mettre perpétuellement en communication avec elle pour lui ouvrir les yeux! Hommes publics sans prévoyance et sans foi politique, nous laisserions insulter notre drapeau! nous nous exposerions à l'ensanglanter dans une guerre civile, pour n'avoir pas osé le déployer librement!

Non! nous ne méconnaîtrons pas à ce point notre devoir! Apôtres de la Révolution, nous la défendrons par nos actes, nos paroles, nos enseignements. Vigilants et résolus contre ses ennemis, nous lui conquerrons des partisans en la faisant connaître. Ceux-là seuls qui ne la comprennent pas peuvent la redouter.

Ces principes, Citoyen Commissaire, tracent la ligne de

votre conduite. S'il vous était possible de vous multiplier, d'être partout à la fois, de mettre à chaque heure votre pensée en public, vous ne feriez rien de trop. Digne missionnaire des idées nouvelles auxquelles le monde appartient, vous prépareriez leur pacifique avènement. Ce qu'il y a de praticable dans cette laborieuse tâche doit être accompli par vous, par vos amis, par vos écrits, par vos discours; répandez la lumière à flots. Qu'à tous les yeux brille dans son éclat majestueux la grande et noble figure de la République régénérant l'Humanité par sa puissance morale, effaçant les distinctions de classes, appelant tous les citoyens à la réalisation politique du dogme de la fraternité, dégageant le travail et l'intelligence des entraves qui l'étouffent, faisant enfin de notre admirable France la plus libre, la plus heureuse, la plus forte des nations.

Ainsi s'exercera votre influence : l'intimidation et la violence provoquent la révolte; la corruption dégrade et ruine le Pouvoir; l'enseignement viril est la seule arme dont puissent se servir les chefs révolutionnaires du peuple; elle leur suffit pour triompher de toutes les résistances.

Mais afin que cet enseignement soit fécond, puisez vos inspirations aux sources vraiment populaires. Que partout des réunions soient organisées; que chacun, même le plus humble, soit mis en demeure d'y produire sa pensée. Dieu, qui seul a connu longtemps les misères du peuple, seul aussi connaît les trésors de son bon sens et de la moralité que recèlent les masses; brisez la couche épaisse qui les enfouit encore.

Ainsi profondément et pacifiquement remué, le pays, malgré le peu de temps qui lui a été laissé pour se recueillir et se reconnaître, pourra distinguer ceux qui méritent l'insigne honneur de le représenter. Dans toutes les occasions où vous serez appelé à le guider, pénétrez-vous de cette vérité que nous marchons vers l'anarchie, si les portes de l'Assemblée sont ouvertes à des hommes d'une moralité et d'un républicanisme équivoques.

Ceux qui ont adopté l'ancienne dynastie et ses trahisons, ceux qui limitent leurs espérances à d'insignifiantes réformes électorales, ceux qui prétendaient venger les mânes des héros de février en courbant le front glorieux de la France sous la main d'un enfant, ceux-là peuvent-ils être les élus du peuple victorieux et souverain, les instruments de la révolution?

Votre conscience a répondu : Quelle confiance peuvent-ils inspirer, ceux dont le cœur ne s'est point ouvert aux souffrances du peuple, et dont l'esprit a si longtemps méconnu ses vœux et ses besoins?

Ne regarderaient-ils pas eux-mêmes comme un défi à la révolution que des hommes qui ont attaqué, calomnié la révolution devinssent aujourd'hui les organisateurs de la constitution républicaine?

Eh bien! puisque le choc impétueux des événements leur a subitement dessillé les yeux, soit; qu'ils entrent dans nos rangs, mais qu'ils n'aspirent ni à nous commander ni à nous conduire. Qu'ils marchent à l'ombre du drapeau du peuple, mais qu'ils ne songent pas à le porter. A la moindre secousse, leur âme se troublerait, et, revenant malgré eux aux convictions de toute leur vie, ils affaibliraient la représentation nationale de toutes les incertitudes, de toutes les transactions familières aux opinions chancelantes et aux dévouements d'apparat.

Que le peuple s'en défie donc, et les repousse. Mieux vaudraient des adversaires déclarés que ces amis douteux.

Citoyen Commissaire, ce qui fait la grandeur du mandat de représentant, c'est qu'il investit celui qui en est revêtu du pouvoir souverain d'interpréter et de traduire l'intérêt et la volonté de tous.

Or celui-là seul en usera dignement qui ne reculera devant aucune des conséquences du triple dogme de la liberté, de l'égalité, de la fraternité.

La Liberté, c'est l'exercice de toutes les facultés que nous tenons de la nature, gouvernées par notre raison.

L'Égalité, c'est la participation de tous les citoyens aux avantages sociaux, sans autres distinctions que celles de la vertu et du talent.

La Fraternité, c'est la loi de l'amour unissant les hommes, et de tous, faisant les membres d'une même famille.

De là découlent : l'abolition de tout privilége, la répartition de l'impôt en raison de la fortune, un droit proportionnel et progressif sur les successions, une magistrature librement élue et le plus complet développement de l'institution du jury, le service militaire pesant également sur tous, une éducation gratuite et égale pour tous, l'instrument du travail assuré à tous, la reconstitution démocratique de l'industrie et du crédit, l'association volontaire partout subsistuée aux impulsions désordonnées de l'égoïsme.

Quiconque n'est pas décidé à sacrifier son repos, son avenir, sa vie, au triomphe de ces idées, quiconque ne sent pas que la société ancienne a péri et qu'il faut en édifier une nouvelle, ne serait qu'un député tiède et dangereux. Son influence compromettrait la paix de la France. J'ose croire, Citoyen Commissaire, que ces pensées sont les vôtres, et qu'elles trouveront en vous un interprète sûr et dévoué. Laissez-moi vous dire que vous ajouterez à l'autorité morale des résolutions qu'elles vous inspireront en donnant l'exemple de l'abnégation personnelle et de la réserve dans la recherche des suffrages. Ce serait bien mal comprendre, ce serait abaisser votre mission que de la consacrer à faire réussir votre candidature. Votre dignité en souffrirait autant que le pouvoir de la République. Si vos concitoyens viennent à vous, acceptez leur mandat comme la plus noble récompense de vos travaux; mais gardez-vous de solliciter ce qui cesserait d'avoir du prix le jour où l'on pourrait soupçonner que le Commissaire a fait le député. Le Gouvernement vous tiendra compte du soin avec lequel vous vous conformerez à cette partie de ses instructions. N'oubliez pas que nous nous devons tous au pays, qui attend de nous de grandes choses, et que l'heure est venue d'élever notre âme au-dessus de toutes les préoccupations de l'intérêt privé.

Le Membre du Gouvernement provisoire,
Ministre de l'Intérieur,

LEDRU-ROLLIN.

Nous ne voulons pas relever ici certaines exagérations de pensée et de style qui ne nous paraissent pas dignes de figurer dans les documents publics d'un gouvernement régulier ; nous ne voulons pas davantage mettre en relief aujourd'hui les contradictions qui se produisaient, chez les hommes de 48, entre leurs paroles et leurs actes ; nous ne prétendons retenir de ce long exposé de principes qu'une seule déclaration, à savoir, que la république de 1848, pas plus que le Gouvernement de l'Empereur, pas plus que tous les gouvernements antérieurs, ne s'est abstenue de prendre part aux luttes électorales et d'y engager son influence, ses fonctionnaires et ses amis. En cela, nous ne la blâmons pas ; car nous ne saurions critiquer l'usage d'un droit légitime, nous n'en répudions que l'abus.

Mais où est le droit ? où est l'abus ? C'est-à-dire quelle est la juste mesure de l'intervention de l'autorité dans les élections ; voilà précisément la question qu'il nous reste à examiner, et c'est par l'examen de cette question que nous terminerons cette longue étude.

XI

Nous croyons avoir démontré que si le Pouvoir se condamnait à une imprudente neutralité, il manquerait à la confiance que lui témoignent ses adhérents, en même temps qu'il déserterait sa propre cause. Les partis qui l'attaquent, non pas seulement avec la bonne foi qui inspire la politique d'une opposition sage et mesurée, mais avec cet acharnement passionné, avec cet esprit de dénigrement incroyable, dont nous avons éprouvé les tristes effets, ces partis, disons-nous, ne trouvant devant eux aucun obstacle qui leur barre la route, se rendraient facilement maîtres du terrain électoral et l'exploiteraient à leur profit exclusif.

De tout temps l'action corrosive des partis politiques s'est attaquée au principe constitutif du Pouvoir; or, personne n'ignore que les gouvernements qui ne savent pas se défendre sont des gouvernements condamnés?

Il n'est pas toujours arrivé aux partis, nous en avons l'expérience, d'arborer franchement leur drapeau, ni surtout d'avouer par avance le but final de leurs espérances; les hommes qui les dirigent ne sont pas assez naïfs, pas assez maladroits pour commettre de telles fautes. Ils comprennent que le Pouvoir, averti et prévenu, se mettrait en garde contre leurs attaques. Mais ils s'appliquent, soit par des déclarations équivoques soit par des manœuvres qu'on n'a pas toujours le temps de déjouer, à conquérir ces majorités de hasard, dont le succès pourrait être justement qualifié de *coup d'État d'opinion* et qui n'est au vrai qu'une surprise de la foi publique.

L'opposition n'hésitera point à crier : » A bas l'impôt! Plus de droits réunis! Plus de service militaire! Liberté absolue et sous toutes ses formes! » Cela n'engage pas autrement les candidats qui cherchent à capter des voix par de semblables promesses. Ils en sont quittes pour répondre après un succès partiellement obtenu : « Nous tiendrons nos promesses lorsque nous serons devenus la majorité. »

C'est là ce qu'explique fort sagement un honorable membre du Corps législatif, qui a publié l'année dernière une brochure où les arguments les plus vigoureux, les plus déterminants se pressent en faveur de la thèse que nous soutenons, et dont nous ne nous croyons pas autorisé à livrer le nom à la publicité, dès lors que, par modestie sans doute, ce député n'a pas jugé à propos de signer son opuscule.

Nous n'ignorons pas, il est vrai, que les surprises de l'opinion durent peu et que le bon sens public en fait bientôt justice; mais n'est-ce pas déjà trop qu'elles parviennent, dans les hasards du scrutin, à s'imposer un seul jour? D'ailleurs l'influence fâcheuse qu'elles exercent ne leur survit-elle pas? Et le pays qui en a été, ne fût-ce qu'un instant, la victime et la dupe, n'y perd-il pas une partie de sa considération et de son prestige?

Il faut donc, pour éviter tous les malentendus, que le corps électoral sache au juste à quoi s'en tenir, non-seulement sur la valeur des hommes qui sollicitent son suffrage, mais encore sur les secrets desseins qu'ils nourrissent.

M. Ledru-Rollin exposait un jour devant la haute cour de Bourges, la théorie du coup de main révolutionnaire. On n'a d'abord aucun plan arrêté : on ne s'attache qu'à faire naître les circonstances, pour ensuite en tirer parti. On criera vive la réforme, comme on crie à bas les droits réunis, parce que ce cri flatte quelque peu les aspirations ou les préjugés populaires, et que personne ne songe à s'en défier; puis, quand on voit le Gouvernement hésiter, reculer et enfin paralyser le dévouement de l'armée, par des ordres et des contre-ordres intempestifs, on pousse en avant la multitude et la République se trouve un beau matin proclamée au grand ébahissement de tout le monde!

Sous un gouvernement qui puise sa force dans l'adhésion générale et dans la confiance universelle, de tels coups de main ne réussissent pas; tout au plus est-il possible que des victoires partielles soient remportées par ses adversaires; c'est déjà beaucoup : c'est trop sans doute, mais c'est là tout ce qu'il peut et doit souffrir. Il ne faut pas qu'à un moment donné, une minorité devienne subrepticement et par surprise majorité, parce que l'indifférence ou l'expérience du corps électoral l'aura maladroitement laissée maîtresse du terrain.

Or, qui, mieux que le Pouvoir, peut pénétrer les manœuvres des partis et en déjouer les calculs?

C'est alors qu'apparaît hautement cette alliance intime, cette solidarité, que nous avons proclamée, entre le pays et le Gouvernement, et c'est grâce à la communauté des intérêts qui les unit que ce dernier emprunte le droit et le devoir de conseiller le corps électoral.

C'est ainsi enfin que s'explique et se justifie cette intervention de l'autorité que nous ne considérons pas seulement comme légitime, mais qui nous paraît de plus nécessaire autant que juste.

XII

Nous allons clore cette partie de notre discussion par une citation empruntée à la brochure dont nous parlons plus haut, mais au préalable, nous croyons devoir faire la déclaration suivante :

Nous ne pensons pas que, toujours et partout, il soit indispensable de poser et de soutenir des candidatures officielles (tout-à-l'heure nous nous expliquerons nettement à cet égard) — nous maintenons seulement que le principe de ces mêmes candidatures doit être respecté et que le gouvernement ferait une imprudence en le sacrifiant aux plaintes intéressées de ses adversaires.

Voici maintenant la citation :

« Le Gouvernement peut faire concessions sur con-
» cessions, il augmentera la jactance de ses détrac-
» teurs, sans calmer leurs prétentions.

» Les attaques dirigées avec tant d'insistance con-
» tre les candidatures officielles, suffiraient seules

» pour établir qu'elles sont nécessaires, utiles, profi-
» tables, à la stabilité de nos institutions; l'Empire
» serait mal inspiré, en oubliant qu'elles lui ont donné
» un Corps législatif dont le concours n'a pas été
» l'une des causes les moins considérables de son pres-
» tige, de sa solidité, de sa force. »

On ne saurait mieux dire, et à notre sens, la vérité est là.

XIII

L'étude, trop longue, peut-être, que nous avons soumise au jugement du lecteur, nous semble nécessiter maintenant un court résumé des arguments sur lesquels nous avons appuyé notre thèse : en les condensant, peut-être leur donnerons-nous plus de force.

Reprenons donc brièvement notre argumentation.

Nous avons affirmé, et nous croyons avoir démontré que, tout en professant pour le corps électoral et pour le suffrage universel le respect et l'estime dont ils sont dignes, il convenait cependant de ne pas les laisser errer à l'aventure, sans guide et sans boussole, dans le champ accidenté de la politique. Nous avons soutenu de plus qu'en cas de lutte, c'est-à-dire la plupart du temps, l'intervention du Pouvoir était utile, indispensable même à la parfaite sincérité du suffrage.

Nous avons établi qu'aucun gouvernement n'avait consenti à aucune époque et dans aucune circonstance à rester neutre dans les questions électorales.

Nous avons prouvé et nous restons convaincu, avec tous les bons esprits, que le Pouvoir ayant pour devoir absolu de veiller sur les destinées du pays, n'a pas plus le droit de se désintéresser en pareille matière, qu'il n'a le droit de délaisser la mission de confiance qu'il tient de l'immense majorité des Français.

Nous avons ajouté qu'un tel abandon serait à la fois une désertion et une abdication, car tout gouvernement qui laisse porter atteinte à son principe, soit en ne le défendant pas, soit en le défendant mal, soit même en le défendant avec tiédeur, est un gouvernement qui porte en soi un germe de destruction et de mort. Un gouvernement n'est respectable qu'autant qu'il conserve la conscience de ses droit et qu'il garde la foi de son origine.

Nous avons insisté encore sur ce point, qui nous semble indéniable, à savoir que les sophismes accumulés par l'opposition contre le principe des candidatures officielles, venaient échouer misérablement contre les enseignements tirés de la raison, de la justice, aussi bien que de l'histoire elle-même.

Enfin nous nous sommes attaché à démontrer qu'il n'était pas seulement exorbitant, de la part de l'opposition, de disputer au Pouvoir son droit d'intervention pour se le réserver exclusivement à elle-même, mais encore que cette prétention était absurde, insupportable.

Si toutes ces propositions sont vraies, si toutes les déductions que nous en avons fait sortir sont exactes, que le lecteur en tire avec nous la conclusion que nous allons maintenant formuler.

Pas plus aujourd'hui que demain, pas plus demain que jamais, le principe des candidatures officielles ne doit être abandonné.

Sur ce point aucune concession n'est possible. Il faut que le fond du droit reste intact, immuable, inattaquable.

Mais il reste la question d'application, et c'est là que l'administration doit se montrer libérale, sans cesser d'être gouvernementale.

Si, comme nous l'avons dit, le patronage officiel se traduit finalement par un droit de conseil, il est bien manifeste que ce droit n'a pas besoin d'être exercé à tout propos, et à l'occasion de toutes les luttes électorales, quelles qu'elles soient.

Le Pouvoir, ou si on l'aime mieux, l'Administration qui représente le Pouvoir, doit ménager son action, et n'intervenir dans la lutte électorale que lorsque son intervention est rigoureusement nécessaire. Il est bon de laisser le suffrage universel fonctionner en toute liberté, c'est à dire abandonné à sa propre impulsion, soit lorsque ceux qui l'exercent sont suffisamment édifiés sur le mérite des candidats qui viennent affronter le scrutin, soit lorsque ces mêmes candidats offrent au pays et au Gouvernement des garanties certaines, sérieuses, complètes.

Sur ce terrain, la question nous paraît avoir été si bien posée et si nettement résolue par M. le Ministre de l'Intérieur, lors de la discussion à laquelle nous

avons fait allusion plus haut, que nous n'avons autre chose à faire que de reproduire ses déclarations,
telles que nous les trouvons dans le *Moniteur* :

Dans cette question, si souvent débattue des candidatures
officielles, a dit M. Pinard, il y a une question de principe et
il y a une question de conduite.

La question de principe, elle est simple, elle est nette, et je
crois qu'il est facile de tomber d'accord, si on veut abdiquer
toute espèce de parti pris.

Le principe le voici :

Tout gouvernement doit avoir un programme, il doit avoir
des principes, il doit avoir une foi, il doit croire à quelque
chose, il doit défendre certaines idées. Un gouvernement qui
serait sceptique, ne serait pas un gouvernement. (Marques
d'approbation.) Il doit défendre son terrain constitutionnel, il
doit défendre son terrain dynastique, c'est le plus impérieux
de ses devoirs. Le principe une fois concédé, il faut accepter
les conséquences.

Le jour où le Gouvernement descend dans l'arène, le jour
où il trouve sur le terrain du suffrage universel un candidat
qui, à ses yeux, conteste ses principes, conteste son programme, conteste sa Constitution, conteste sa dynatie, son devoir le plus sacré, c'est de lutter contre ce candidat. (C'est
évident!)

Or, lutter, c'est chercher, c'est adopter un candidat diffé-
rent, qui, lui, affirmera notre programme, nos idées, notre
foi, défendra notre dynastie et notre Constitution. (Très bien!)
Laisser le premier et adopter le second, c'est faire de la légitime défense. (C'est vrai! très bien!)

Voilà, Messieurs, les raisons inattaquables qui justifient le
principe de la candidature officielle ou gouvernementale.

Avec un pareil criterium, l'administration ne court
pas le risque de faire fausse route. Elle est ainsi mise

en garde par le Ministre contre les défaillances, aussi bien que contre les exagérations d'un zèle inopportun.

Qu'elle n'oublie pas que si, à son origine, le régime impérial a dû exclusivement s'appuyer sur le principe d'autorité, les circonstances ont changé depuis ce temps et que les nécessités politiques ne sont plus les mêmes, car la situation s'est singulièrement détendue.

L'Empereur sentant que la France n'est pas faite pour rester stationnaire, a voulu que le pays prît aux affaires une part plus active, que le Corps législatif exerçât sur les actes du Gouvernement un contrôle plus étendu. C'était de sa part une concession aussi sage que spontanée faite à l'esprit de progrès, et cette concession trouvait sa justification dans le calme profond dont jouissait la France.

Que l'administration, tout en maintenant fermement, vigoureusement, son droit d'intervention, n'en use donc qu'avec réserve, discernement et discrétion. Que, sans se désintéresser jamais des résultats d'un scrutin, elle ne prenne cependant part à la lutte qu'autant que les principes mêmes qui sont l'âme de la Constitution et qui font la force du Gouvernement se trouveraient attaqués ou compromis par une candidature hostile.

C'est en observant une juste mesure et en gardant, toutes les fois que ce sera possible, la neutralité, — neutralité vigilante, cela va sans dire, — que l'administration servira le Gouvernement comme il entend être servi, et fera en même temps une bonne et utile besogne. C'est à la faveur d'une pratique intelligente, modérée et prudente qu'elle justifiera la sagesse du principe des candidatures officielles, — de ce principe que nous persistons à considérer comme vrai, utile, juste, légitime, honnête et nécessaire.

Qu'elle n'oublie pas que la seule question vraiment importante que le scrutin ait désormais à trancher, c'est la question dynastique; et qu'en dehors de cette question, sur laquelle il ne lui est loisible d'admettre aucun tempérament, aucun compromis, elle a pour devoir de se montrer facile et conciliante.

Que l'admimistration, enfin, ait toujours présents à l'esprit les conseils que l'Empereur adressait au Corps législatif, à l'ouverture de la session qui précéda les élections générales de 1863 :

« Dites à vos concitoyens que je serai prêt sans cesse à ac-
» cepter tout ce qui est l'intérêt du plus grand nombre; mais,
» s'ils ont à cœur de faciliter l'œuvre commencée, d'éviter les
» conflits qui n'engendrent que le malaise, de fortifier la Cons-
» titution qui est leur ouvrage, qu'ils envoient à la nouvelle
» Chambre des hommes qui, comme vous, acceptent sans ar-
» rière-pensée le régime actuel, qui préfèrent aux luttes sté-
» riles les délibérations sérieuses; des hommes qui, animés de
» l'esprit de l'époque et d'un véritable patriotisme, éclairent
» dans leur indépendance la marche du Gouvernement, et
» n'hésitent jamais à placer au-dessus d'un intérêt de parti la
» stabilité de l'État et la grandeur de la patrie. »

Quand on sait s'inspirer de pareils sentiments et s'assimiler, en la comprenant bien, une politique si sage, si patriotique, on ne court point le risque de mal

faire et on peut en toute sécurité soumettre ses actes
au jugement de l'opinion, car on a pour soi la conscience d'avoir noblement servi la grande cause du
bien public.

23 Mars 1869.

P.-S. — Cette brochure était déjà entièrement composée, lorsqu'a eu lieu, au sein du Corps législatif, la discussion provoquée par les interpellations de MM. le baron Jérôme David et Ernest Picard (séances des 31 mars et 1ᵉʳ avril). Cette discussion jette sur la question qui fait l'objet de notre examen, une lumière nouvelle : elle a de plus le mérite d'avoir fourni au Gouvernement l'occasion de s'expliquer une fois encore sur le principe des candidatures officielles. Nous invitons le lecteur à s'y reporter; il jugera en pleine connaissance de cause la théorie politique que nous venons de développer, et il en appréciera la portée et la vérité.

Pour nous, qui avons lu avec le soin et l'attention qu'il comportait, le compte-rendu des débats dont nous venons de parler, nous déclarons hautement et en toute franchise que nous n'avons à retrancher aucune de nos assertions ni à modifier aucun de nos arguments , car la discussion rapportée au *Journal officiel* des 2 et 3 avril aurait affermi nos convictions, s'il en eût été besoin.

Nous n'ajouterons qu'un mot :

Le discours si remarquable et si concluant de M. de Forcade la Roquette , Ministre de l'Intérieur, discours bientôt corroboré par les observations convaincantes, irrésistibles de M. Baroche, Garde des sceaux, donné à notre opuscule, — nous croyons pou-le voir faire remarquer en toute conscience et sans fausse modestie, — une consécration et une autorité aussi certaines qu'imprévues. Notre thèse n'est qu'une opinion personnelle; mais cette opinion, le Gouvernement la défend et la revendique. Est-il un plus haut prix de nos efforts? Nous nous trouvons ainsi, sans l'avoir cherché, sans l'avoir voulu, sans avoir reçu un mandat de personne, être l'interprète des idées et des sentiments du Gouvervement Impérial. Empressons-nous donc de constater cette bonne fortune et disons qu'il est singulièrement flatteur pour nous de nous trouver en parfaite communauté d'idées avec des hommes d'État dont les hautes lumières et la supériorité d'esprit sont proclamées par l'opinion publique.

E. B.

5 avril 1869.